CATALOGUE DE LIVRES,

ET

LIVRES NOUVEAUX

Qui se trouvent chez CLAUDE HERISSANT, Imprimeur-Libraire à Paris, rue Notre-Dame, à la Croix d'or & aux trois Vertus.

M. DCC. LIX.

CATALOGUE
DES LIVRES

Qui se trouvent à Paris, chez Claude Hérissant, rue Notre-Dame, à la Croix d'or & aux trois Vertus.

M. DCC. LVI.

MEMOIRES pour l'Histoire des Sciences & beaux Arts, commencés d'être imprimés l'an 1701 à Trévoux, & dédiés à son Altesse Sérénissime Monseigneur le Prince Souverain de Dombes : *Ouvrage Périodique connu sous le nom de JOURNAL DE TRE'VOUX*, qui se distribue le premier de chaque mois, & le 15. lorsqu'il y en a de double.

Nota, il y a 16 volumes par année.

La souscription est de 12 & 16.

Les Souscripteurs les reçoivent très-exactement la veille du premier de chaque mois, & du 15. lors des mois double.

Les personnes de Province qui voudront les recevoir par la poste, Messieurs les Fermiers Généraux ont restreint le port à 6. f. pour toutes les Villes du Royaume.

Table générale des matières & raisonnée desdits Memoires, depuis son commencement en 1701, & compris l'année 1755. que l'on imprime présentement de la même grandeur que le Journal, & dont on publiera les premiers volumes au commencement de l'année 1757. Il y aura un Avis qui indiquera le temps de la publication de la suite de cette Table.

De M. MENARD *de l'Académie Royale des Inscriptions & Belles-Lettres.*

HISTOIRE Civile, Ecclésiastique & Littéraire de la Ville de Nîmes, avec des Notes & les preuves, suivie de Dissertations historiques & critiques sur les Antiquités, & de diverses Observations sur son Histoire Naturelle, 7 vol. in-4. proposés par souscription, & dont les 6 premiers volumes se distribuent. Le septiéme & dernier en Decembre 1756.

Du P. DANIEL, *Jésuite.*

Histoire de France, depuis l'établissement de la Monarchie Françoise dans les Gaules. *Nouvelle Edition*, augmentée de notes, de Dissertations critiques & historiques, de l'Histoire du régne de Louis XIII. & d'un Journal de celui de Louis XIV. & ornée de Plans, de Cartes géographiques & de Vignettes, représentant des Médailles & des monnoies de chaque régne, 16 vol. in-4.

Le Regne de Louis XIII. se vend séparément, pour servir de supplement aux précédentes Editions.

Abrégé de l'Histoire de France, in-12. 12 vol.

Par le Pere GILLET, *Chanoine Régulier de Ste Genevieve.*

Nouvelle Traduction de l'Historien Joseph, faite sur le Grec, avec des Notes critiques & historiques pour en corriger le texte dans les endroits où il paroit altéré, l'expliquer dans ceux où il est obscur ; fixer les temps & les circonstances de quelques évenemens qui ne sont pas assez développés ; éclaircir les sentimens de l'Auteur & en donner une juste idée, in-4. 4 vol.

Dédiés à Monseigneur DE LA MOIGNON, CHANCELIER DE FRANCE. *Le troisiéme vol. se distribuera en Décembre* 1756. *& le quatriéme & dernier, en Juillet* 1757. *Ouvrage proposé par souscription.*

* * *

Par M. DE MARNE.

L'ancien & le nouveau Testament, représentés en cinq cent tableaux, gravés d'après les dessins de Raphaël & autres grands Maitres, & expliqués par les paroles de l'Ecriture, in-folio, grand pap. publiés & mis en cet ordre en 1757.

Par le P. OLLIVIER, *de l'Oratoire.*

Explication de l'Alphabet de Cadmus, pour servir d'introduction aux Langues Orientales, *in-4.* très-grand papier, *proposé par souscription.*

Dissertations sur la prononciation des Points Hebreux, *in-4. & in-12. sous presse.*

Nouvelle Traduction des Vies des Hommes Illustres, & de la Morale de Plutarque, avec des Notes critiques & historiques, & des éclaircissemens sur les endroits difficiles, *in-12. L'impression des deux premiers volumes est près d'être finie, & à la fin du deuxième vol. il y aura un avis qui indiquera le temps de la publication de la suite de cet Ouvrage.*

Le même Ouvrage est in-4.

De M. l'Abbé GAUCHAT.

Lettres critiques, ou Analyse, & Réfutation de divers Ecrits modernes contre la Religion, *in-12.* 6. *vol.*

Tome premier sur les Lettres Philosophiques, les Pensées Philosophiques, le Livre des mœurs, & le Poëme de Pope sur l'Homme.

Tome second sur les Lettres Persannes, les Lettres Turques, les Lettres Juives, Cabalistiques & Chinoises.

Tome troisiéme sur la Henriade, les Piéces fugitives, divers sujets de Tragédies, & la Tragédie de Mahomet.

Tome quatriéme sur la suite des Ouvrages de M. D. V. des Réflexions sur l'incrudélité des faux Sçavans, & l'abus des Lectures ; l'Esprit des Loix.

Tomes V. & VI. sur le Discours de M. Rousseau sur l'origine de l'inégalité des Hommes, l'Analyse de Bayle. *Ces deux volumes se publieront à la fin d'Octobre & Décembre 1756. Dans le sixième on insérera un avis pour annoncer les objets qui seront traités dans la suite de cet Ouvrage.*

Rapport des Chrétiens & des Hébreux ; & un Discours préliminaire sur la Loi de nature, pour servir d'introduction au rapport de la Loi écrite & de la Loi de grace ; avec des prières à chaque Chapitre pour en recueillir les fruits, en faveur des Ames & fidelles qui veulent s'édifier dans la Lecture des Livres Saints ; & pour l'Instruction de la Jeunesse, divisé en 3 parties. *in-12.*

Du Raport des Chrétiens & des Hébreux quatriéme partie, à l'usage des Religieuses, *in 12. sous presse.*

Retraite spirituelle, suite du Rapport des Chrétiens & des Hébreux, à l'usage des Religieuses, *in-12.*

* * *

Le Traité des Fiefs & des Censives de Dumoulin, traduit en François, augmenté de la nouvelle Jurisprudence, avec des Notes & Eclaircissemens, *in folio,* 2 *vol. sous presse.*

,

Histoire des Etats Barbaresques, *in-12.* 2 *vol.* 1756.

De M. THOMAS *de Bleville.*

Traité des Changes en Compte faits, avec des Tables des Comptes faits, *in 8.*

De Monsieur L. F***

Oeuvres diverses de M. L. F*** ornées de figures en taille douce, *in-12.* 3 *vol.*

Poësies sacrées, divisées en quatre Livres. Dédiés au Roi, *in-4.* papier ordinaire, & en grand papier, & en *in-12.*

De M. M***.

Examen des Poësies Sacrées de Monsieur L. F*** *in-12.*

De M. LE FRANC, *Evêque du Puy.*

Questions sur l'incrédulité, *in-12.*

Dévotion reconciliée avec l'esprit, *in-12.*

L'Autorité séculière, *in-12.* imprimé à Avignon en 1754.

De M. COLLET, *Prêtre de la Congrégation de la Mission, Docteur en Théologie.*

Examen & Résolutions des principales difficultés qui se rencontrent dans la célébration des SS. MYSTERES, &c. *in-12. quatriéme édition.*

Examen & Résolutions des principales difficultés qui regardent *l'OFFICE DIVIN,* avec des Remarques critiques sur le Traité des S. Mysteres, *in-12.* deuxiéme Edition. *On imprime du même Auteur, la suite de ces Traités.*

Par feu M. PIERRE GILBERT, *Docteur en Théologie.*

Conférence de l'Edit de la Jurisdiction Ecclésiastique de 1695. avec les Ordonnances précédentes, concernant la même matiére, où l'on voit ce qu'il en a pris & ce qu'il y a ajoûté. On y joint le Projet sur lequel cet Edit a été fait, & les Arrêts rendus en conformité dans les Cours supérieures du Royaume. Comme aussi, les Déclarations postérieures sur la même matiére. *in-12.* 2 *vol.* 1736.

,

Catéchisme Evangelique, ou éclaircissemens par demandes & réponses, &c. *in-8.* 3 *vol.* 1756.

De M. COCHET, *Ancien Recteur.*
La Clef des sciences ou des beaux Arts, ou la Logique, *in-8.*
La Métaphysique, *in-8.*
La Morale, *in 8.*
La Physique expérimentale & raisonnée, *qui contient en abregé ce que cette science a de plus intéressant, in-8.*

De M. l'Abbé de VILLEFROI, *Abbé de Blasmond.*
Lettres de M. l'Abbé *** à ses Eléves, pour servir d'introduction des Divines Ecritures, & principalement les Livres Prophétiques, relativement à la Langue originale, *in-12. 2 vol.*
***
Principes discutés, pour faciliter l'intelligence des Livres Prophétiques, & spécialement des Pseaumes, relativement à la Langue originale, &c. *in-12.* 4. *vol.*
La suite de cet Ouvrage paroîtra en 1757.
***
Explication Physique des sens, des idées, & des mouvemens, tant volontaires qu'involontaires, *in-12. 2 vol.*
Du P. AMABLE BONNEFONS, *de la Compagnie de Jesus.*
Le petit Livre de vie qui apprend à bien vivre & à bien prier Dieu, contenant plusieurs Offices, Litanies, Indulgences, Exercices de dévotion; les sacrées paroles de J. C. de ses Saints, & de Gerson: & le moyen de bien profiter des maladies ou autres petites peines, avec des méditations pour tous les jours de la Semaine. *Nouvelle Edition,* corrigée & augmentée de la Dévotion des Elus, *in 12. in-18, in-32.*

Du P. DE BEAUVAIS, *de la Compagnie de Jesus.*
Considérations & Elévations affectives envers Notre-Seigneur J. C. au très-saint Sacrement de l'Autel, pour tous les Jeudis de l'année, pour l'Octave du S. Sacrement, & pour le jour de la Réparation, *in-12.*
Lettres de Madame .. à une de ses amies, sur les motifs & les moyens de mener une vie plus chrétienne, *in-12.*
***
Le Voyageur véridique, ou les Instructions familiéres que donne à son fils un homme de qualité dans un voyage d'Hollande & d'Allemagne, *in-12.*

Par M. AUDIERNE.
Traité complet de Trigonométrie, contenant les principes, la construction & l'usage des Tables des Sinus, des Tangentes, &c.
Ouvrages nécessaire aux jeunes gens qui font leurs cours de Philosophie, & à toutes les personnes qui se destinent au toisé, à l'arpentage, à l'architecture, au génie, à la marine, & à l'astronomie, *in-8.* 1756.
***
Instructions générales en forme de Catéchisme, imprimées par ordre de M. Charles Joachim COLBERT, Evêque de Montpellier, *gros caractere, in-12.* 3 *vol.*
—— Le même, *petit caractere, in-12* 3 *& en 2 vol.*
Le même Catéchisme, &c. pour être enseigné aux Enfans qui font Confirmés, *in-18.*
Instructions générales, &c. contenant le Traité de la Priere, *in-12. 2 vol.*
Instruction sur l'administration du Sacrement de Pénitence, *in-12. 2 vol.*
Consolation pour les maladies, tirée des Pseaumes, *in-12.*

Du P. B. *de l'Oratoire.*
Memoires pour servir à l'Histoire de plusieurs Hommes illustres de Provence, *in 12.*
De M. JEAN PONTAS, *Prêtre & Docteur en Droit Canon de la Faculté de Paris.*
DICTIONNAIRE des Cas de Conscience, ou Decisions des plus considérables difficultés, *nouvelle Edition,* revue, corrigée & augmentée par l'Auteur, qui y a ajoûté des discours preliminaires, *in fol.* 3 *vol.*
Exhortations aux Malades en leur administrant le saint Viatique, tirées de l'Ecriture & des Peres, *in-12.*
Autres Exortations tirées des Evangiles des Dimanches, & des saints Peres de l'Eglise, *in-12. 2 vol.*
Exhortations pour le Baptême, les Fiançailles, le Mariage, & la bénédiction du Lit nuptial, tirées de l'Ecriture & des Peres, *in-12.*
Entretiens spirituels pour instruire, consoler & exhorter les Malades dans les différents états de leurs maladies; avec les Priéres pour les Agonisans, *in-12.* 2 *vol.*

Deux Difcours, dont l'un a été couronné par l'Académie de Befançon , & l'autre a concouru au prix de l'Académie Françoife , en l'année 1755. *in*-8. imprimés en 1756.

De M. D. C. de l'Académie Françoife.

Le Dictionnaire des Arts & des Sciences, *nouvelle Edition*, revue, corrigée & augmentée par MM. de l'Académie Françoife & des Sciences, 2 *vol. in fol.*

De M. Du Bois, de l'Académie Françoife.
Les Confeffions de S. Auguftin, traduites en François , fur l'Edition Latine des PP. BB. de la Congrégation de faint Maur, avec des Notes & de nouveaux fommaires des Chapitres, *in*-8. *in*-12.
Les Soliloques, les Méditations & le Manuel de S. Auguftin, traduction nouvelle fur l'Edition Latine des PP. BB. de la Congrégation de S. Maur , avec des Notes, *nouvelle Edition*, revue & retouchée par l'Auteur, *in*-12.
Les Lettres de Ciceron à fes Amis, traduites en François, le Latin à côté, fuivant les Editions de Grævius ; avec des avertiffemens fur chaque Livre, des fommaires & des Notes fur chaque Lettre, *in*-12. 4 *vol.*
Les Offices de Ciceron , traduits en François , avec le Latin à côté, fur l'Edition de Grævius ; avec des Notes , & des fommaires des Chapitres, *in* 12.
Les Livres de Ciceron, de la vieilleffe, & de l'amitié, avec les Paradoxes du même Auteur, traduits en François fur l'édition Latine de Grævius ; avec des Notes & des fommaires des Chapitres , *in*-12.

De M. Le Maitre de Sacy, fous le nom du Sieur DE ROYAUMONT, Prieur de Sombreval.

L'Hiftoire du vieux & du nouveau Teftament, avec des Explications tirées des SS. PP. pour régler les mœurs dans toutes fortes de conditions, *in*-4. *nouvelle Edition*, avec de très-belles figures, 1752.
—— Le même, *in*-12. fans figures.

*De M. J ***
Faftes François, Caractères des Rois de France , *in*-12.

De M. Baillet.
Les Vies des Saints, compofées fur ce qui nous eft refté de plus authentique & de plus affuré dans leurs Hiftoires, difpofées felon l'ordre des Calendriers & des Martyrologes, avec l'Hiftoire de leur culte, felon qu'il eft établi dans l'Eglife Catholique, & l'Hiftoire des autres Fêtes de l'année. *Nouvelle Edition* , *in*-4. 10 *vol.*

Du P. NOUET , Jéfuite.

La Dévotion envers notre Seigneur Jefus-Chrift, fouverainement bon, fouverainement grand , fouverainement faint , pour fervir de lecture fpirituelle à l'Homme d'Oraifon pendant tout le cours de l'année , *in*-4. 5 *vol.*

L'HOMME D'ORAISON
Ses Méditations & entretiens, pour tous les jours de l'année, *in*-12. 9 *vol.*
—— L'Avent , *Tom. I.*
—— La Septuagéfime, *Tom. II.*
—— Pâque, *Tom. III.*
—— La Vie myftique dans le très-faint Sacrement, *Tom. IV.*
—— La Pentecôte jufqu'à l'Avent, *Tom. V. & VI.*
Continuation de la Vie de JESUS, & Retraite pour fe préparer à la mort, prife des derniéres paroles & actions de Jefus Chrift, *Tom. VII.*
—— Vie de JESUS dans les Saints , felon l'ordre & le rang que l'Eglife leur donne, *Tomes VIII. & IX.*

L'HOMME D'ORAISON.
Ses Retraites, *in*-12. 5 *vol.*
—— Sa conduite dans les voies de Dieu, contenant toute l'œconomie de la Méditation, de l'Oraifon affective, & de la Contemplation, *Tomes I. & II.*
—— Retraites annuelles, contenant la première retraite pour tous ceux qui veulent régler leur vie , & penfer férieufement à leur falut , prifes du Livre des exercices de S. Ignace, *Tom. III.*
—— Sa feconde Retraite pour acquérir la conformité avec la volonté de Dieu. Sa troifiéme Retraite pour acquerir la patience , & le fublime efprit de la Croix. Exercitia fpiritualia fancti Ignatii. *Tome IV.*
—— Sa quatriéme Retraite pour acquérir l'efprit de Jefus-Chrift. Sa cinquiéme

'me Retraite pour acquerir la paix du cœur, par le réglement des passions. Sa sixiéme Retraite pour se renouveller dans l'estime de la perfection, & dans la grace de la vocation Religieuse. Sa septiéme Retraite, le pur amour de Dieu, de J. C. son Fils unique, avec la volonté de Dieu. *Tome V.*

Méditations & Entretiens sur le bon usage des Indulgences pour gagner le Jubilé, *in-12.*
Les volumes in-12. se vendent séparément.
De la Dévotion vers l'Ange Gardien, *in-18.*
De Messire LAFITEAU, *Evêque de Sisteron.*
Retraite de quelques jours, pour une personne du monde, *in-12.*
Avis de Direction, pour les personnes qui veulent se sauver, augmentés considérablement, & d'un avis très-utile pour gagner le Jubilé, *in-12.*
Lettres spirituelles, *in-12.*
Conférences sur les Missions, *in-12.*

***

Réflexions d'une Ame pénitente pour les jours du mois sur le Pseaume *Miserere mei, Deus,* & Elévations d'une ame à Dieu sur le Pseaume *Benedic, anima mea, &c.* avec des Réglemens spirituels pour les personnes engagées dans le monde ; par un célébre Pénitent, *in-18.*

Les Conseils de la sagesse, ou Recueil des maximes de Salomon les plus nécessaires à l'homme pour se conduire sagement, *in-12. 2 vol.*

Du Pere REGNAULT, *Jésuite.*
L'Origine ancienne de la Physique nouvelle, *3. vol.*
Les Entretiens Physiques d'Ariste & d'Eudoxe, ou Physique nouvelle en dialogues, enrichis de beaucoup de figures, *in-12. 5 vol.*
Œuvres du Sieur BAREMB.
Le Livre des Comptes faits, augmenté du Tarif des Glaces, *in-12.*
Le Livre nécessaire, ou Tarif géneral des Escomptes, des Changes, & des Divisions toutes faites, *in 12.*
Le Livre facile pour apprendre l'Arithmétique sans Maitre, augmenté du Traité d'Arithmétique nécessaire à l'arpentage & au toisé, *in-12.*

Le Livre du grand Commerce, où l'on trouve les Tarifs géneraux pour la réduction des Monnoies de France. L'on peut apprendre dans cet Ouvrage à faire une remise, une traite, un roulement, une négociation & un arbitrage *in-8. 2 volumes.*
Le Traité des Parties-doubles, ou méthode aisée pour apprendre à tenir en parties-doubles les Livres du Commerce & des Finances, *in-8. grand papier.*
Agenda & Calendrier, avec les Tarifs des monnoies courantes, présenté aux Gens d'affaires, *in-24.*
De Madame * * *
Sentimens d'une Ame pénitente sur le Pseaume *Miserere mei, Deus.* & le Retour d'une Ame à Dieu, sur le Pseaume *Benedic, anima mea.* avec l'Ordinaire de la Messe, & des Réflexions Chrétiennes, *in-18. avec fig.*

De M. PELISSON, *de l'Académie.*
Courtes Priéres durant la sainte Messe, & l'Ordinaire de la Messe en Latin & en François, *in-18. avec figures.*
—— Les mêmes avec les Priéres du matin & du soir, les sept Pseaumes & les Vêpres, *gros caractere.*
Priéres au S. Sacrement de l'Autel pour chaque Semaine de l'année, *in-18.*
Priéres tirées des Evangiles, *in-18.*

Du P. G. ALLEAUME, *de la Compagnie de Jésus.*
Les Souffrances de notre Seigneur J.C. Ouvrage écrit en Portugais, par le P. THOMAS DE JESUS, de l'Ordre des Hermites de S. Augustin, *in-12. 2 vol.*

Du P. CHEMINAIS, *de la Compagnie de Jésus.*
Sermons, *in-12. 5 vol. Le quatriéme & le cinquiéme volumes se vendent séparément.*
Sentimens de Piété, *in-24.*
Du P. LALLEMANT, *Prieur de Sainte Geneviéve, & Chancelier de l'Université de Paris.*
Testament Spirituel, ou Priéres à Dieu pour se bien disposer à bien mourir, *in-12.*
Les saints Desirs de la mort ; ou, Recueil de quelques pensées des Peres de l'Eglise, pour montrer comment les Chrétiens doivent mépriser la vie & souhaiter la mort, *in-12.*

La Mort des Juftes, ou Recueil des derniéres actions & des derniéres paroles de quelques perfonnes illuftres en fainteté, de l'ancienne & nouvelle Loi, pour fervir de modele à eeux qui veulent apprendre à bien mourir, *in-12.*

Le Teftament fpirituel, les faints Defirs de la mort, & la Mort des Juftes ; *ces trois Livres font recueillis dans un feul volume in-12. Ces trois Traités fe vendent auffi féparément.*

De M. TIBERGE.

Retraite Chrétienne fur les vérités du Salut, *in-12. 2 vol.*
—— La même, *petit caractere, in-12. 1 vol.*
Retraite Eccléfiaftique, dédiée à Monfeigneur le Cardinal de Noailles, *in-12. 2 vol.*
Retraites Religieufes, *in-12. 1 vol.*
Priéres pendant la fainte Meffe, & une Inftruction pour approcher dignement des Sacremens, augmentées d'une Méthode pour faire l'Oraifon mentale, & des Réflexions faintes pour tous les jours du mois, *in-18.*

Du R. P. EDME CALABRE, *Prêtre de l'Oratoire.*

Homélie, ou Paraphrafe du Pfeaume 50. *Miferere mei, Deus,* en forme d'inftruction, avec une pratique de piété pour adorer Jefus-Chrift expirant, *in-18.*

Du P. CRASSET, *de la Compagnie de Jéfus.*

Confidérations chrétiennes pour tous les jours de l'année, avec les Evangiles de tous les Dimanches, *in-12. 4 vol.*
Méthode d'Oraifon avec une nouvelle forme de méditations, *in-12.*
Entretiens de Dévotion fur le Saint Sacrement de l'Autel, *in-12.*
Le Chrétien en folitude, *in-12.*
La Dévotion du Calvaire, *in-12. avec fig.*
La Manne du défert, pour les perfonnes qui font en retraite, *in-12.*
Entretiens doux & affectueux pour tous les jours de l'Avent, fur l'Incarnation & la naiffance du Fils de Dieu, avec des Cantiques, *in-12.*
Confidérations fur les actions du Chrétien, *in-12.*
La douce & fainte Mort, *in-12.*
La véritable Dévotion envers la fainte Vierge, établie & défendue, *in-8.*

Du R. P. GIRI, *Minime.*

Les Vies des Saints dont on fait l'Office dans le cours de l'année, avec des Difcours fur les myfteres de notre Seigneur & de la fainte Vierge. Le Martyrologe Romain traduit en François à la tête de chaque jour, & un Martyrologe des Saints de France, dont le Romain ne fait pas mention. *Nouvelle Edition,* revue & corrigée par l'Auteur, *in-fol. 2 vol.*
—— Les mêmes Vies des Saints dont on fait l'Office dans le cours de l'année, & de plufieurs autres dont la mémoire eft plus célèbre parmi les Fideles, avec des Difcours fur le myfteres de notre Seigneur & de la fainte Vierge, que l'Eglife foiemnife. Le Martyrologe Romain traduit en François, & mis à la tête de chaque jour, & un Martyrologe des Saints de France, qui ne font pas dans le Romain, tiré des Breviaires & Calendriers des Eglifes particuliéres. *Nouvelle & derniére Edition,* revue & corrigée par l'Auteur avant fa mort, & depuis encore recherchée & augmentée de plufieurs autres Saints nouvellement canonifés, ou béatifiés, ou décédés en odeur de fainteté, *in-fol. 3 vol.*

Autore GABRIELE MUSSON, *Doctore Theologo è Regia Societate.*

Lectiones Theologicæ de Religione, *in-12. 3 vol.*
Lectiones Theologicæ de Sacramentis, *in-12. 4 vol.*

Autore Paulo-Valentino DU ROUJOUX.

Tractatus de Religione in genere & in fpecie confiderata : Supplementum Tournelii, *in-8. 2 vol.*

Du R. P. MERLIN, *Jéfuite.*

Traité hiftorique & dogmatique fur les paroles ou les formes des fept Sacremens de l'Eglife, *in-12.*

Du R. P. DANIEL, *Capucin.*

Conférences Théologiques & Morales par demandes & par réponfes fur les Commandemens du Décalogue, les Commandemens de l'Eglife, & fur les Sacremens, avec des réfolutions de Cas de confcience fur chaque matiére, & fur l'Oraifon Dominicale, *nouvelle Edition réimprimée en 4 vol. in-12. qui renferme fans aucun changement les 7 vol. de la premiére édition.*

Du R. P. BERNARD, *de Ste Geneviéve.*
Panegyrique de Louis Roi de France, prononcé devant Messieurs de l'Académie des Belles-Lettres & Inscriptions en l'année 1756. *in-8.*
La Reconstruction de l'Eglise de Sainte-Geneviéve, Ode au Roi, *in-4.*
Du R. P. BERNARD D'ARRAS, *Capucin.*
Code des Paroisses, ou Recueil des plus importantes questions sur les Curés & leurs Paroisses, précédées de plusieurs Dissertations contre le Livre intitulé, *Les Pouvoirs légitimes du premier & second Ordre.* in-12. 2 vol.
Le Ministere primitif de la Pénitence, enseigné dans toute l'Eglise Gallicane, &c. *in-12.*
Par le P. LEONARD DE PARIS, *Capucin.*
La Régle du Tiers-Ordre de S. François, *in-12.*
De M. DE BEAUMONT, *Curé de Saint Nicolas de Rouen.*
Imitation de la Sainte Vierge avec des Pratiques, *in-18.*
Pratiques de la dévotion du divin Cœur de Jésus & du sacré Cœur de Marie, pour chaque mois de l'année, & moyen d'obtenir une bonne mort, *in-18.*
De M. ANTOINE GODEAU, *Evêque de Vence.*
Méditations sur le très-saint Sacrement de l'Autel, pour servir à toutes les heures du jour & de la nuit aux adorateurs perpétuels de ce Mystere, *in-12.*
De M. DEBONNAIRE, *Prêtre.*
L'Imitation de Jesus-Christ nouvellement traduite, avec des Réflexions & des Priéres, dédiée à S. A. R. Madame la Duchesse D'ORLEANS. *Nouvelle édition,* augmentée de l'Ordinaire de la Messe, avec l'explication des différentes parties dont il est composé, *in-12.*
——— La même, *in-12.* sans Réflexions.
——— La même, *in-18.* avec des Réflexions & Priéres.
——— La même, *in-24.* avec des Priér.
De M. GIRARD, *Conseiller du Roi en ses conseils.*
Le Guide des Pécheurs composé en Espagnol, par le R. P. *Louis de Grenade* de l'Ordre de S. Dominique, traduit de nouveau en François, *in-8.*
Traité de l'Oraison & de la Méditation, *in-8.* 2 vol.

De M. F***
Œuvres spirituelles de Dom Jean de Palafox Evêque d'Osma; sçavoir, ses Réponses aux Demandes d'une personne de piété, & le Pasteur de la Nuit de Noël, traduites de l'Espagnol en François, *in-18.* avec figures.
De M. COLLIN, *Vicaire de l'Eglise de Paris.*
Vie de la vénérable servante de Dieu Marie LUMAGUE, veuve de M. Pollalion, Gentil homme ordinaire du Roi, Institutrice des Filles de la Providence, *in-12.*

Journée sainte, nouvelle Edition, augmentée d'une priére pour renouveller les promesses du Baptême, d'une amende honorable au S. Sacrement, &c. *in-12.*
De Messieurs de P. R.
Vies des Saints pour tous les jours de l'année avec des réflexions sur la vie de chaque Saint, & un Martyrologe *in-8.* 4 vol.
Vies des Saints de l'ancien Testament, contenant les Patriarches, les Prophetes, les Rois, les Juges, les Machabées, les Saintes, &c. *in-8.* 4 vol.

Du P. L*** *Prêtre de l'Oratoire.*
Sermons sur les plus importantes matiéres de la Morale Chrétienne, à l'usage des Missions & de ceux qui travaillent dans les Paroisses, *in-12.* 8 vol. nouvelle Edition.
——— En forme de Prônes sur les Epîtres de toute l'année, à l'usage des Missions, *in-12.* 3 vol.
Par M. C. *Prêtre.*
Retraites de huit jours, *in-12.*
Priéres tirées de l'Écriture, pour le matin & le soir, & pendant la Messe, avec une explication du Sacrifice & des cérémonies de la Messe &c. & la maniére de dire chrétiennement la Priére appellée ANGELUS, *in 18.*
Du P. Q*** *Prêtre de l'Oratoire.*
JESUS CHRIST Pénitent, ou Exercice de piété pour le temps du Carême, & pour une retraite de dix jours, avec des réflexions sur les sept Pseaumes de la Pénitence, & la JOURNE'E CHRETIENNE, *in-12.*
Regrets d'une ame touchée d'avoir abusé long-temps de la sainteté du *Pater,* *in-24.*

Exercice du Pénitent avec des régles &
des maximes fur la Pénitence, &c.
Une Journée Chrétienne ; des Réflexions & des pratiques de pénitence
pour chaque jour du mois, *in-18*.

Du P. AMELOTE, *Prêtre de l'Oratoire.*

Nouveau Teſtament avec des notes, *in-4.*
2 vol.

—— Le même, *in-12. in-18. in-24.*

De M. H * * *

Traité de la Priére continuelle, *in-12.*
Différents Traités de Pénitence, &c. *in-12.*
Dévotion au S. Eſprit par un Solitaire,
in-12.
Education des Filles, *in-12.*
Penſez-y bien, petit *in-18.*

De feu M. BRUNET, *Abbé de faint
Crépin-le-Grand de Soiſſons, & Docteur
de Sorbonne.*

Pratique du Sacrement de Penitence, avec
les *Reſponſa moralia*, *in-18.*
Maximes Eccléſiaſtiques, & avis pour la
conduite de ceux qui travaillent au
ſalut des ames, avec les *Selecta è Con-
ciliis*, SS. *Fatribus piiſque Auctoribus
Sententiæ*, *de vita & moribus*, in-18.
Sentimens de piété pour animer les actions
du Chrétien pendant la journée, *in-18.*
Motifs & pratiques des principales vertus
Chrétiennes, avec des conſidérations
affectueuſes fur la Mort & Paſſion de
notre Seigneur Jeſus-Chriſt, *in-18.*
Penſées Chrétiennes fur la Paſſion de notre
Seigneur Jeſus Chriſt, *in-24.*
Table pour faciliter l'examen de conſcience,
brochure in-32.

De M. l'Abbé de BELLEGARDE.

L'Eſprit de l'Egliſe dans l'uſage des Pſeaumes en forme de Priéres ou d'Exhortations, *in 12. 2 vol.*

De M. GOBINET.

Inſtructions de la Jeuneſſe en la piété
Chrétienne, tirée de l'Ecriture ſainte
& des ſaints Peres, *in-12.*
Addition à l'Inſtruction de la Jeuneſſe,
in-12.
Inſtruction fur la Pénitence, & fur la
ſainte Communion, *in-12.*
Inſtruction fur la vérité du faint Sacre-
ment, *in-12.*
Inſtruction fur la Religion, *in-12.*
Inſtruction fur la maniére de bien étudier,
in 12.

Inſtruction Chrétienne des jeunes Filles,
dreſſée en faveur de celle qui font
inſtruites dans la Communauté des Dames de la Croix, & de Ste Geneviéve,
pour y ſervir de lecture &c. à l'uſage
des Penſionnaires & externes des Dames Urſulines, *in 12.*

Œuvres *de* S. FRANÇOIS DE SALES,
Evêque & Prince de Genève.

Introduction à la Vie dévote, de S. François de Sales, *Nouvelle édition*, corrigée
& miſe en meilleur François, *in-12.
& in-18.*
La véritable Conduite de S. François
de Sales, pour la Confeſſion & Communion, &c. *Nouvelle Edition*, augmentée des ſept Pſeaumes, Vêpres du
Dimanche, & des Hymnes des Fêtes
de l'année, *in-18.*
Les Entretiens ſpirituels de S. François,
in-18.
Les Epitres de S. François de Sales,
avec des ſommaires au commencement
de chaque Lettre, Notes & remarques,
augmentées d'un très-grand nombre de
Lettres avec leurs authenticités, qui
n'ont pas encore été imprimées, *Nouvelle
édition*, *in-12. 7 vol.*
L'*impreſſion de cet Ouvrage étant très-avan-
cée, on le diſtribuera dans l'année 1757.*
Les Opuſcules conſidérablement augmen-
tés, *in-12. ſous preſſe.*
Vie ſymbolique, *du même, in-12.*
Controverſes, *du même, in-12.*
L'Etendard de la Croix, *du même, in-24.*
Le Directeur des Ames.
*Nouvelle Edition, augmentée de différentes
Litanies, in-32.*
La vraie & ſolide Piété, expliquée par
S. François de Sales, recueillie de ſes
Epitres & Entretiens, *in-12.*
Traité de l'amour de Dieu, *in-12. Nou-
velle édition*, dans laquelle on a cité les
Paſſages de l'Ecriture Sainte, *in-12.
1 vol. ſous preſſe.*
Les Lettres de la bienheureuſe Mere
Françoiſe FREMIOT DE CHANTAL,
Nouvelle Edition, augmentée d'un nom-
bre conſidérable de Lettres, & des Vies
des cinq premiéres & principales Meres
de l'Ordre de la Viſitation Sainte-Marie,
in-12. 4 vol.
Octave de Méditations fur les vertus de
la bienheureuſe Mere De Chantal, à

l'uſage

à l'ufage des Religieufes de la Vifitation Ste Marie, par le P. DUMAS,
de la Compagnie de Jefus, *in-12.*
1 *vol. feconde Edition.*

Du même Auteur.

Octave de Méditations fur les Vertus de
faint François de Sales, *in-12 fous
preffe.*

Abregé de la Vie de la Bienheureufe
Jeanne-Françoife Frémiot De Chantal,
première Fondatrice de la Vifitation
Sainte-Marie, avec les Brefs & Décrets
de fa Béatification, *in-12.* 1752.

LIVRES
à l'ufage des Dames de la VISITATION.

L'Office de la Vierge Marie, fuivant
la réformation du S. Concile de
Trente difpofé à l'ufage de la Vifita-
tion Sainte-Marie, *rouge & noir, in-8.*
—— Le même, *in-8. tout noir.*
—— Le même, Latin-François, *in-12.*
—— Le même, Latin, *in-32.*
Vive Jefus. Régle de S. Auguftin, Conf-
titutions & Directoires pour les Sœurs
Religieufes de la Vifitation, *in-24.*

Par une Société de Gens de Lettres.

La Religion vengée ou la Réfutation des
Auteurs impies, *in-12.*
Il y aura de cet Ouvrage 3 volumes
par année, qui feront 15 cahiers de 72 pag.
qui fe diftribueront le premier de chaque
mois, & le 15. des mois de Janvier, de
Mai & de Septembre. Le prix pour les
Soufcripteurs à 12 fols chaque cahier, &
de 9 liv. par année; & les recevront ré-
guliérement chez eux la veille du 1 &
15. de chaque mois.
Les perfonnes de la Province qui voudront les recevoir par la pofte, port franc
12. liv.
De la Spiritualité & Immortalité de l'Ame
in-12. 3 *vol.* qui eft un Supplément au-
dit Ouvrage.

De M. GIBERT *de l'Académie
des Infcriptions & Belles-Lettres.*

Tableau des mefures itinéraires anciennes
& de leurs rapports entre elles avec
les mefures modernes, *in-folio*, extrait
d'un Mémoire lû à l'Académie en
Août.
Differtation fur l'Hyéne, à l'occafion de
celle qui a paru dans le Lyonnois &
les Provinces voifines, vers les der-
niers mois de 1754. pendant les années
1755. 1756. *in-12.*

De M. De B. C. S. N. D. R.

Pratiques Chrétiennes pour conduire les
Ames au Ciel, en forme de Méditations pour tous les jours du mois, *in-12.*
Expofition des principales Vérités tirées
des Livres faints pour démontrer
que hors de l'Eglife il n'y a point de
falut, *in-12.*
Les Retours défefpérants des Pécheurs,
& les Retours confolants du Jufte,
in-12.

*De M. P****

Epitres & Evangiles, par Demandes &
Réponfes & desPriéres à la fin de chaque
Evangile, pour tous les Dimanches &
Fêtes de l'année, les Féries du Carême
& des Quatre-Temps, 3 *vol. in-12.*
De M. DELAMARE, *Docteur en Théolo-
gie, Grand Pénitencier, & Chanoine
de l'Eglife de Paris.*

Epitres & Evangiles de tous les Dimanches & de toutes les Fêtes de l'année,
de l'Avent, du Carême, & des autres
grandes Féries, avec de courtes Réflexions, *in-12. gros caractere, & in-18.*
——Les mêmes, des Dimanches & Fê-
tes, avec des Réflexions, *in-18.*
—— Les mêmes, des Dimanches &
Fêtes, avec des Réflexions, *gros caracteres, in-18.*
Les mêmes pour les Fêtes non chomées,
avec des Réflexions, & un abrégé
des Myftéres, & des Vies des Saints
dont on fait les Fêtes, *in-18.*
Epitres & Evangiles, avec de courtes
Réflexions, des Explications fur tous
les Myftéres, un Abregé de la Vie
de chaque Saint; l'Ordinaire de la
Meffe, les Priéres pour la Confeffion
& la Communion, & les Meffes de
tous les Dimanches, Fêtes & Féries
de l'année, en forme d'ANNE'E
CHRETIENNE, *in-12.* 3 *vol.*
Exhortation à la Pénitence, & conduite
pour la Confeffion & pour la Communion, & la première Communion
des Enfans, *in-18.*
Traité pour la première Communion des
Enfans, *in-18.*
Invocation & Imitation des Saints, pour
chaque jour de l'année, qui contient un
extrait de leurs Vies, des Priéres, des
Réflexions & des Maximes tirées de
l'Ecriture fainte, *in-12.*
De M. BOUCHEUL, *Avocat.*
Coûtume de Poitou, *in-fol.* 1 *vol.*
Convention de fucceder, *in-4.*

Traité de l'Ortographe Françoife, en forme de Dictionnaire, *in-8.* Nouvelle édition augmentée.

Compendiofæ Inftitutiones Theologiæ ad ufum Seminarii Pictavienfis, *in-12.* 6 *vol.*

De M. C**

Paraphrafes fur le *Pater.* 1. Pour fervir de préparation à la Communion : 2. Pour méditer au pied du Crucifix ; 3. Pour les Agonifans, avec des pratiques pour la vifite & la confolation des malades : les Priéres de l'Eglife dans l'adminiftration du Sacrement de l'Extrême-Onction, & les Priéres pour les Agonifans, *in-18.*

Hiftoire de la Vie de notre Seigneur Jefus-Chrift, felon les quatre Évangeliftes, avec de courtes Notes pour en faciliter l'intelligence, *in-18.*

Chemin afluré du Paradis, qui confifte dans l'intelligence & pratique de ces paroles de Jefus-Chrift : *Si quelqu'un veut venir après moi, qu'il renonce à foi-même, qu'il porte fa croix, & qu'il me fuive,* in-12.

De M. l'Abbé C. D. P. Ch. *Docteur de Sorbonne.*

Idée de la vérité & de la grandeur de la Religion, démontrée par des preuves claires & à la portée de tout le monde, *in-12.*

Sacro-fancti & œcumenici Concilii Tridentini Canones & Decreta, *nouv. Edit. in-24.* Parifiis, cum adnotationibus queis Tridentina fides & difciplina, cum traditione, difciplina noftra & Jure Gallico conferuntur.

Catechifmus Concilii Tridentini, *in-24.*

Novum Jefu Chrifti Teftamentum, *in-24.*

Prônes de M. J O L I, *in-12. fous preffe.*

L'Obfervateur, préceptes & maximes, *in-12.*

Explication de la Régle de S. Benoît, adreffée à un Monaftere où l'on fuit la mitigation ; en quoi elle confifte, & à quoi la Régle oblige, *in-12.*

Explications des Titres & fujets des Pfeaumes, fuivant l'Hebreu, le Grec & la Vulgate, pour fervir à l'intelligence des Prophéties, accompagnées de Réglemens néceffaires fur cette partie de l'Ecriture Sainte, *in-12.* 2 *vol.*

De la Charité Chrétienne envers le prochain, & des divers Oeuvres de miféricorde, Traité moral, traduit de l'Italien *de Muratori, in-12.* 2 *vol.*

Par M. C H A L O S S E.

L'Arithmétique par les Fractions, contenant des inftructions pour mettre en pratique par des queftions intéreffantes les régles générales de cette Science, foit pour négocier en France, foit pour négocier dans les Pays étrangers, tant en Changes qu'en Marchandifes, & qui enfeigne à réfoudre les problêmes les plus curieux & les plus difficiles fans le fecours de l'Algebre, *in-18.* ;

Par M. TONDUS DE NANGIS, *Notaire Royal au Bailliage & Comté de Beaumont fur Oife, &c.*

Differtation démonftrative de la Quadrative abfolue du Cercle, avec figures, divifées en trois Parties, *in-12.*

Par un Bénédictin de la Congrégation de S. Vanne.

Le Libertinage combattu par le témoignage des Auteurs profanes, dédié à S. A. S. Monfeigneur le Prince de C O N D E', *in-12.* 4 *vol.*

*

L'Office de la Semaine fainte, Latin & François, felon l'ufage de Rome, *gros caractere,* avec les Ténébres fans renvoi, *in-12.*

——— Le même à l'ufage de Rome, Lat. Fr. *in-18.*

——— Le même, à l'ufage de Rome, en Latin, *in-24.*

——— Le même, avec des Cadres, *in-8. fous preffe.*

Exercices de piété en faveur des Confreres du S. Scapulaire de Notre-Dame du Mont-Carmel, dédiés à Madame la Dauphine, *in-18.* 1752.

Heures chrétiennes, ou Paradis de l'ame, par Horftius, *in-18.* 2 *vol.*

De feu M. C O T T O N, *Prêtre Licencié en Théologie de la Faculté de Paris.*

Devoirs & Exercices ordinaires du Chrétien, contenus dans des Inftructions fur les principales Vérités de la Religion, des Priéres tirées de l'Ecriture fainte, & des faints Peres ; l'Office de la fainte Vierge fans renvoi ; l'Office des Dimanches & des Fêtes, & celui des Morts, avec une Paraphrafe des Pfeaumes de la Pénitence, Latin-François, *in-12.*

——— Les mêmes en Latin, *in-32.* très-ample.

Heures nouvelles dédiées à la Reine, contenant des Priéres & Inftructions fur toutes les actions de la journée & fur les Sacremens ; des Méditations sur les Dimanches & les Fêtes de l'année, avec l'Office de l'Eglise selon l'usage de Rome, *in-12.*

De M. LE TOURNEUX

Office de la sainte Vierge, Latin-François, avec des Instructions pour passer chrétiennement la journée, & pour faire saintement toutes ses actions pendant le cours de l'année, dédié à Madame la Dauphine ; *nouvelle Edition in-8. in-12. & in-18.*

Histoire de la Vie de notre Seigneur Jesus-Christ, nouvelle édition, *in-12 & in-18.*

Office de la Fête & de l'Octave de Noël jusqu'à l'Epiphanie, selon l'usage de Rome & celui de Paris, *en Latin & en François,* avec l'explication des Mystéres que l'Eglise célebre le jour de Noël, & des Réflexions sur ce Mystére, *in-12.*

—— Le même, en Latin, *petit-12.*

Priéres & Aspirations pour élever son esprit à Dieu, pour le temps de l'Avent, avec des Réflexions sur les grandes Antiennes de ce temps, appellées O. de Noël, *petit in-12.*

Office de la Semaine sainte & de l'Octave de Pâque, à l'usage de Rome, *Latin-François,* avec l'explication des cérémonies de l'Eglise, & quelques Priéres tirées de l'Ecriture sainte pour la Confession & Communion, & sur les Mystéres que l'on célebre durant ce saint temps ; dédié à Madame la Chanceliére, *in-8.*

—— Les mêmes, *in-12.*

L'Office du S. Sacrement pour le jour de la Fête & toute l'Octave, avec trois cents douze nouvelles Leçons, tirées des saints Peres & Auteurs Ecclésiastiques des douze premiers siécles, dans lesquelles on voit la tradition perpétuelle de l'Eglise sur le sujet de l'Eucharistie, à l'usage de Rome, & selon le Breviaire de Paris, *in-12. premier volume.*

Tradition de l'Eglise, touchant l'Eucharistie, divisée en cinquante-deux Offices, *Tome second.*

Les Offices de la Toussaint, des Morts, & de S. Marcel, à l'usage de Rome & de Paris, *in-12.*

Heures de Notre-Dame du Mont-Carmel, en Latin & en François, *in-12. in-18.*

Dissertationes de Existentia Dei, Spiritualitate animæ, &c *in-4.*

Nouvelle Paraphrase sur les Pseaumes de David, tirée des saints Peres & des meilleurs Auteurs pour en faciliter l'intelligence, *in-12. 2 vol.*

———

Nouveau Livre d'Eglise à l'usage de Rome, pour la commodité universelle des Laïcs, contenant les Offices & les Messes de tous les Dimanches & de toutes les Fêtes de l'année, &c. *in-12.*

—— Le même en 2 vol. *in-24. nouvelle édition.*

———

Livre imprimé à l'usage de Messeigneurs les Commandeurs de l'Ordre du S. Esprit, *in-32.*

———

L'Office Divin, à l'usage de Rome, pour les Dimanches & Fêtes de l'année, en faveur de ceux qui fréquentent leurs Paroisses, *1 vol. in-12.*

—— Le même, Latin-François, *gros caractere, in-12. 2 vol.* partie d'Hiver & d'Esté.

—— Le même *in-18.* Latin-François, *un vol. sous presse.*

—— Le même, *in-24.* Latin, *un vol. sous presse.*

———

De M. NIVERS, *de la Chapelle du Roi.*

Graduale Romanum, *in-4.*

—— Idem, ad usum Ordinis S. Benedicti.

—— Idem, ad usum Ord. S. Augustini.

—— Idem, ad usum Ord. S. Francisci.

Graduale Monasticum, ad usum Ordinis S. Benedicti, *in-4.*

—— Idem, ad usum Ordinis S. Augustini.

—— Idem, ad usum Ord. S. Francisci.

Antiphonarium Romanum, *in-4.*

—— Idem, ad usum Ord. S. Benedicti.

—— Idem, ad usum Ord. S. Augustini.

—— Idem, ad usum Ord. S. Francisci.

Antiphonarium Monasticum, ad usum Ordinis S. Benedicti.

—— Idem, ad usum Ord. S. Augustini.

—— Idem, ad usum Ord. S. Francisci.

———

LIVRES IMPRIME'S
Par ordre de feu Monseigneur le CARDINAL DE NOAILLES *Archevêque de Paris.*

Heures imprimées par ordre de feu Monseigneur le Cardinal de Noailles, à l'usage de son Diocèse, *in-8.*

—— Les mêmes, avec l'Office felon l'ufage de Rome, *in-12. grand & petit papier.*

Les mêmes Heures de Noailles, avec l'Office fuivant le nouveau Breviaire de Paris, *in-12. grand & petit papier.*

—— Les mêmes, *in-12. in-18. grand & petit papier, & in-32. tant en gros que petits caracteres.*

Conduite pour la Confeffion & la Communion, *in-18.*

—— La même, *in-32.*

Offices tirés de l'Ecriture Sainte pour tous les jours du mois, avec les Priéres du matin & du foir, *vol. in-8.*

L'Office de la Pénitence pour tous les jours de la Semaine, *in-12.*

Recueil de Mandemens, *in-4.*

Martyrologium, *in-4.*

ANCIENS USAGES DE PARIS.

Miffel Latin & Latin-François, *in-12. & in-18.* Office Divin, Latin-François. *in-12.* Office de l'après-midi.

Priéres & Inftructions tirées des Heures de Noailles.

Breviarium & Diurnale Parifienfe.

Eucologe, *in-12. 2 vol. & en un vol.*

LIVRES IMPRIME'S
*Par ordre de Monfeigneur l'*ARCHEVES-QUE DE PARIS, *à l'ufage de fon Diocèfe.*

LIVRES DE CHOEUR

B Reviarium Parifienfe, *in-4. 4 vol.*

—— Idem, *in-8. 4 vol.*

Diurnale Parifienfe, *in-...*

Antiphonarium Parifienfe, *in-fol. 3 vol.*

—— Idem, *in-fol. pour les Eglifes de la campagne.*

Pfalterium Parifienfe, *in-fol. 1 vol.*

Graduale Parifienfe, *in-fol. 4 vol.*

—— Idem, *in-fol. 1 vol. pour les Eglifes de la campagne.*

Miffale Parifienfe, *in-fol. rouge & noir.*

—— Idem, *in-fol. tout noir,*

—— Idem, *in-12. 4 vol.*

Proceffionale Parifienfe, *in-8. noté.*

Le Proceffional de Paris abbregé pour les jours de faint Marc, des Rogations, & du S. Sacrement, *in-8. noté.*

Proceffions pour les jours de faint Marc, des Rogations & du S. Sacrement, Latin-François, *in-12.*

Officium Defunctorum, cum ordine Exequiarum, *in-8. noté.*

Lamentationes Jeremiæ, *in-8. noté.*

Cæremoniale Parifienfe, *in 8.*

Martyrologium Parifienfe, *in-fol.*

Cas réfervés, *in-12.*

Breve Parifienfe.

Bref de Paris.

LIVRES D'USAGES.

Pfeautier diftribué pour tous les jours de la femaine, *petit in-12.* Latin, *gros caractere.*

—— Le même, Latin-François, *in-12.*

—— Le même, *in-8.* Latin-Franç. *gros caractere.*

—— Le même, *in-18.* Latin-François, *petit caractere.*

Pfeautier Latin-François, contenant l'Office de tous les Dimanches & Fêtes de l'année, avec les Matines & Laudes des principales Solemnités, *in-12. 2 vol.*

—— Le même, *in-24. tout* Latin.

Pfeautier diftribué pour tous les jours de la femaine, en François, *in-12.*

Pfeautier Latin, contenant les Hymnes des Dimanches & Fêtes, *à l'ufage des Ecoles, in-18.*

Antiphonaire Parifien noté, à l'ufage des Laïcs & autres perfonnes, *in-12. 6 vol.*

Graduel Parifien noté, à l'ufage des Laïcs &c. *in 12. 2 vol.*

Miffel Parifien en Latin & en François, avec Prime, Tierce, Sexte de tous les jours, *in-12. 8 vol.*

Livre d'Eglife Latin-François, contenant None, Vêpres, Complie, pour tous les jours de l'année, *2 vol. in-12.*

Matines & Laudes de tous les jours, *in-12. 8 vol.*

Les Matines, Laudes & Prime, pour toutes les Fêtes Annuelles, Grands & Petits-Solemnels, *in-12.* Lat. Franç.

Office de la Quinzaine de Pâque, à l'ufage de Rome & de Paris, Latin-François, *in-8.*

—— Le même, *in-12.* Latin-Franç.

—— Le même, *in-24.* Latin.

Livre d'Eglife Latin-François, contenant l'Office de l'après-midi, pour les Dimanches & Fêtes de l'année, *in-12. grand & petit papier.*

—— Le même tout Latin, *in-18. gros caractere.*

Livre d'Eglife pour l'Office du Matin, *in-12. 2 vol.* Latin-François, *gros caractere.*

—— Le même, *in-12.* Latin-François, *petit papier.*

—— Le même, *in-24.* Latin.

Eucologe, *in-12.* Latin, *1 vol.*

Le

—— Le même, *in-12.* Latin-François, 1 *vol.*

—— Le même, *in-18.* Latin-François.

—— Le même Latin, *in-24.* à l'usage de ceux qui assistent à leurs Paroisses.

L'Office de l'Eglise, *in-8.* 7 *vol.* noté. *Les volumes se vendent séparément.*

Heures Latines & Françoises, contenant des Prières, Exercices & Offices pour les Dimanches & les Fêtes de l'année, *in-8.*

—— Les mêmes, *in-12.* grand papier.

—— Les mêmes, *in-12.* petit papier.

—— Les mêmes, *in-18.*

—— Les mêmes, en Latin, *in-32.*

L'Office de la Fête & de l'Octave du saint Sacrement, Latin-François, selon les nouveaux Missel & Breviaire de Paris, *in-12.*

Heures des Paroissiens, contenant les Messes des principales Fêtes, Vêpres & Hymnes des Dimanches & des Fêtes de l'année, l'Office du saint Sacrement, Latin-François, selon les nouveaux Missel & Breviaire de Paris, avec l'usage de Rome ; enrichies de plusieurs Planches, *in-24.* très-commodes à porter.

Idem, *in-24.* Latin, *gros caractères.*

On trouve chez le même Libraire les Breviaires, Diurnaux, Antiphonaires, Pseautiers, Missels pour les Diocèses d'Evreux, de Blois, de Sées, de Coutances, d'Agen, de Lisieux, d'Alais & de Lavaur, ainsi que les Livres d'Usages, propres aux Laïcs de ces mêmes Diocèses, reliés de toutes les façons.

Martyrologium Ebroïcense, *in-8.*

De M. BINET, *Prêtre,*

La Chronologie de la Topographie du nouveau Breviaire de Paris, Ouvrage divisé en deux Parties, & utile à toutes les personnes qui récitent ce Breviaire. On y a ajouté un Supplément à la Topographie pour les Diocèses de Blois, Evreux, Sées, & Coutances, *in-12.*

De M. LE BEUF, *Chanoine d'Auxerre, de l'Académie des Sciences & Belles-Lettres.*

Traité historique & pratique sur le Chant Ecclésiastique, avec la méthode pour apprendre à chanter, *in-8.*

Par M. LE FEVRE, *Prêtre-Bachelier en Théologie.*

Calendrier Historique & Chronologique de l'Eglise de Paris, contenant l'origine des Paroisses, Abbayes, Monasteres, Prieurés, Collégiales, &c. de Paris, la mort des Evêques, Archevêques, & des Hommes illustres du Diocèse, *in-12.*

Livres d'assortimens & des Pays étrangers.

Memoire Politico-critique, où l'on examine s'il est de l'interêt de l'Eglise & de l'Etat d'établir pour les Calvinistes du Royaume une nouvelle forme de se marier, & où l'on réfute l'Ecrit qui a pour titre, Mémoire Théologique & Politique sur les mariages clandestins des Protestans de France.

La Voix du vrai Patriote Catholique, opposée à celle des faux Patriotes tolérans *in-8.* 1756.

Memoire sur les Etats Provinciaux, *in-12.*

Lettre d'un Officier Irlandois à un Officier François de ses amis, *in-12.*

Lettre d'un Négociant à un Milord, dans laquelle on considere sans partialité l'importance de l'Isle Minorque & de Port-Mahon ; avec l'Histoire & une description abregée de l'un & de l'autre, traduit de l'Anglois, *in-12.* 1756.

L'Histoire de l'Hôtel-Dieu de Quebec, *in-12. laquelle contient nombre de faits intéressants concernant l'Histoire générale du Pays.*

Extrait des Memoires concernant les limites de l'Acadie, & des piéces justificatives sur lesquelles ils sont appuyés, *in-4.*

Précis des Memoires des Commissaires du Roi & de ceux de sa Majesté Britannique sur l'Isle Ste Lucie, pour servir de suite à l'extrait des Memoires concernant l'Acadie, *in-4.*

Analyse du Memoire contenant le précis des faits avec leurs piéces justificatives pour servir de Réponse aux observations envoyées par les Ministres d'Angleterre dans les cours de l'Europe, *in-4.*

Le Commerce remis à sa place. Réponse d'un pédant de Collége aux Novateurs politiques, adressé à l'Auteur de la Lettre à M. D.

Examen de la Discussion historique & critique sur la Conjuration de Venise, & sur l'Histoire de cette Conjuration, écrite par l'Abbé de Saint-Réal, *in-12.*

Traité de la Discipline Religieuse traduit du Latin de Thomas à Kempis, par un Solitaire, *in-12.* Avignon, 1756.

Entretien de Philinte & d'Acaste sur l'état

actuel des Lettres, & fpécialement fur
la Tragédie ancienne & moderne, *in-12.*
2 vol. Amfterdam.

LIBRI RITUALES ROMANI.

Pfalterium Romanum, *in-fol.*
Antiphonarium Romanum, *in-fol.*
in-8.
Graduale Romanum, *in-fol. in-8.*
Miffale Romanum, *in-fol.* Parifiis, *in-4.*
Lugduni.
Miffæ Pontificales, *in-fol.*
Miffale pro Defunctis, *in-4.*
Proceffionale Romanum, *in-8. in-12.*
Rituale Romanum, *in-8.*
Martyrologium Romanum, *in-8.*
Breviarium Romanum, *in-8.* 2 vol. *Rubr.*
Lat. Antuerpiæ.
Breviarium Romanum, *in-8.* 2 vol. *Rubr.*
Franç. Parif.
   Idem, *in-8.* 4. *vol.*
Diurnale Romanum, *in-8. in-18. in-32.*

USAGES.

PRiéres Chrétiennes recueillies par or-
dre de feu M. de Harlay, Archevê-
que de Paris, avec des Inftructions,
&c. *in-8.*
  HEURES *in-8.*
Heures dédiées aux Dames de S. Cyr,
en Latin, *grand papier.*
Exercice de piété Chrétienne, &c. en
François.
  HEURES *in-12.*
Heures Latines & Françoifes, *de Saint-
Auguftin romain*, dédiées aux Dames
de S. Cyr.
  Les mêmes, *de Cicero & de petit
Romain.*
  Les mêmes, *de Saint-Auguftin
& Cicero, petit papier.*
Heures Latines, *de Cicero romain*, dé-
diées à Madame la Dauphine.
  Les mêmes, toutes Françoifes.
Heures Latines, *de gros Romain*, dédiées
à Mademoifelle de Chartres.
  Les mêmes, toutes Françoifes.
Heures Royales, Latines, *de gros Pa-
rangon.*
  Les mêmes, toutes Françoifes.
Heures Royales, Latines & Françoifes,
de petit Romain & de petit Texte, dédiées
à Madame, avec les Méditations fur les
Fêtes folemnelles, & les Penfées Chré-
tiennes pour tous les jours du mois,
en grand papier, très-amples.
Heures Latines & Françoifes, *de Cicero*

& *de petit Romain*, dédiées à Madame
la Princeffe, avec les Méditations &
les Penfées Chrétiennes, &c. *grand
papier.*
  Les mêmes, *petit papier.*
Heures Latines, *de Cicero*, dédiées aux
Dames de Saint Cyr, avec l'Office de
la Vierge fans renvoi, grand papier,
amples.
  Les mêmes, grand papier, *petit
caractere.*
  Les mêmes, petit papier, *amples.*
Heures Françoifes, *de Cicero*, dédiées à
Madame la Dauphine, *grand papier.*
  Les mêmes, *petit papier.*
Heures Latines, *de gros Romain*, dédiées
au Roi, *grand papier.*
  Les mêmes, *petit papier.*
  Les mêmes, *grand papier.* Franç.
  Les mêmes, *petit papier.*
Heures Latines, *de gros Parangon*, dé-
diées à Madame la Princeffe, *grand
papier.*
  Les mêmes, Françoifes, *grand
papier.*
HEURES *in-32. & au deffous.*
Heures Latines & Françoifes, *de petit
Romain & de petit Texte*, dédiées à
Monfeigneur le Duc de Bourgogne,
grand papier.
Heures Latines, *de petit Texte*, dédiées
au Roi, *grand papier.*
  Les mêmes, dédiées aux Dames
de S. Cyr, *plates.*
Heures Latines, *de Cicero*, dédiées
au Roi, avec l'Office de la Vierge fans
renvoi, *grand papier.*
  Les mêmes, Françoifes.
Heures Royales, Latines, *de gros Ro-
main*, grand papier, *amples.*
Heures à trois Offices, *de petit Texte*,
grand papier, *très-amples.*
Heures Latines, au Dauphin, *de Cicero.*
  Les mêmes, Françoifes, *de petit
Texte.*
Heures *in-32.* petit papier, *plates*, en
Latin.
  Les mêmes, en François.
  Les mêmes, en Italien.
Heures à la Cavaliére, *in-48.*
Heures aux Princes, *in-64.*
Heures de Cour, *in-128.*
Le Petit Livre du Chrétien, dans la
pratique du fervice de Dieu & de l'E-
glife, *in-32.*
Le Chemin du Ciel, par lequel les Ames
font élevées à Dieu, & conduites à

l'éternité bienheureuſe ; enſemble la Clef des Conſciences, Latin-François, *in-18.*

Le même, Latin, *in 24.*

On trouve auſſi chez le même Libraire pluſieurs ſortes de Livres d'OFFICES, & d'HEURES à l'uſage de Rome, tant Latin, que Latin-François, & tout François, de toutes grandeurs, reliées différemment, en Mouton, Veau, Maroquin, & Chagrin, ſuivant les maniéres le plus en uſage.

Livres à l'uſage des Ecoles.

Hiſtoire abbregée de l'ancien Teſtament, avec la Vie abbregée de notre Seigneur Jeſus-Chriſt, *in-8.*

Régles Chrétiennes pour faire ſaintement toutes ſes actions, dreſſées en faveur des Enfans qui ſe font inſtruire dans les Ecoles Chrétiennes, *in-8.*

Pſeautier, *in-18.* Latin, *mince.*

Pſeautier, *in-18.* François.

Alphabet Latin, *in-18. ample.*

Le petit Alphabet, *in-18.* Latin.

Alphabet François, *in-18. ample.*

Alphabet François, *in-18. mince.*

Abbregé de la Doctrine Chrétienne, *in-18.*

Le Catéchiſme de Paris, *in-18.*

Le Catéchiſme des Fêtes, *in-16.*

Le Catéchiſme de Fleury, *in-16.*

Le petit Exercice, *in-18.*

La Civilité puérile & honnête, *in-8.*

Les Inſtructions familiéres, qui contiennent les Maximes, &c. *in-12.*

A l'uſage des Catéchiſmes, *in-18.*

Catéchiſme ſervant de diſpoſition à la premiére Communion.

LIVRES NOUVEAUX

Qui ſe trouvent chez Hériſſant Imprimeur, rue Neuve Notre-Dame, à la Croix d'or, & aux trois Vertus M. DCC. LIX.

De M. l'Abbé GAUCHAT.

Lettres critiques, ou analyſe & réfutations de divers Ecrits modernes contre la Religion.

Tome ſeptiéme. Suite & fin de l'Analyſe de Bayle ; ſur la Providence, ſur la définition de Dieu, ſur le Mahométiſme, ſur l'Hiſtoire, & ſur le Pyrrhoniſme du Sage.

Tome huitiéme. Sur la (fauſſe) Philoſophie du bon ſens, & ſur la vraie Philoſophie exprimée dans l'*Ami des Hommes*, oppoſée à nos Philoſophes modernes, ſpécialement à l'*Eſprit des Loix.*

Tome neuviéme. Suite de l'*Ami des Hommes* : & ſur les principes de la certitude hiſtorique, phyſique, ſur les faits & les miracles de l'Evangile.

Tome dixiéme. Suite de la certitude, les Prophéties & l'établiſſement de la Religion. L'exiſtence de Dieu, ſa loi, la révélation, la Morale Chrétienne, & les myſtères.

Tome onziéme. Sur le Livre de l'Eſprit, matiéres préliminaires. Morale, ſoit particuliere, ſoit légiſlative de cet Ouvrage.

Tome douziéme. Sur le Livre de l'Eſprit, ſur l'Athéiſme, le Pyrrhoniſme, le Tolérantiſme, la liberté philoſophique, les Paradoxes, les contradictions avec le Catéchiſme diſtribué en ſections, augmenté de notes & obſervations.

Tomes treiziéme & quatorziéme. Sur la Tolérance, *ſous preſſe.*

Il ſe diſtribuera trois volumes par année juſqu'à la fin de cet Ouvrage.

Catéchiſme du Livre de l'Eſprit, ou Elémens de la Philoſophie de l'Eſprit, mis à la portée de tout le monde, *in-12. brochure 1758.*

Le Paraguay, converſations familiéres, *in-12.*

De M. de CHAUMEIX D'ORLEANS.

Préjugés légitimes contre l'Encyclopédie, ou Eſſai de réfutation de ce Dictionnaire. Examen critique du Livre de l'Eſprit. *Tome 1, 2, 3, 4. premiere Partie.*

—— Idem, ſeconde Partie contenant la réfutation des principes rapportés dans la premiére Partie, avec l'expoſition des vrais principes de la Métaphyſique, de la Morale & de la Religion, démontrés contre les Paradoxes impies & extravagans des Incrédules. *Tome 5, 6, 7e.*

Les volumes ſuivans ſont ſous preſſe.

De M. de BLEVILLE.

Traité du Toiſé, contenant la réduction des Ouvrages de maçonnerie en Toiſes quarrées, cubes ou ſolides, les us & coutumes de Paris ; un Traité du bois quarré, réduit au grand cent. Les reductions de ces deux Traités pourront ſe faire d'un ſeul coup d'œil, & quelquefois avec la ſimple addition, lorſqu'il faudra joindre deux articles enſemble, *in-12.*

De M. le FRANC.

Diſſertations ſur les biens nobles, avec des

obfervations fur le vingtiéme , *in* 8.
2. *vol.* & *in-*12. 1. *vol.* pour fervir de
fupplémens à fes œuvres.

De M. le F R A N C, *Evêque du Puy.*
L'Incrédulité convaincue par les Prophéties , *in-*4.
—— Le même *in-*12. 3. *vol.*
Controverfe pacifique fur l'autorité de
l'Eglife , *in-*12.

De M. COLLET, *P. de la Congrégation.*
Inftructions & Priéres à l'ufage des Domeftiques, *in-*18.

De M. le Marquis de M. ***
L'Ami des hommes, ou Traité de la Population , *in-*4. 4. *Parties.*
—— Le même *in-*12. 5. *vol.*
Réponfe du Correfpondant à fon Banquier , *in-*4.

❀

L'Ami des Femmes, *in-*12.

De M. YON.
Les Femmes de mérite , Hiftoires Françoifes , *in-*8.
Relation en forme de Lettres fur les
dépenfes fuggérées par un goût outré
pour des curiofités paffagéres , ou par
une paffion défordonnée pour différens
genres de compilation; terminée par un
expédient de bienfaifance , *in-*12.

De M. MANNOURY, *Avocat au
Parlement.*
Plaidoyers & Mémoires , contenant des
queftions intéreffantes , tant en matiéres Civiles , Canoniques & Crimineles
que de Police & de Commerce , avec
les jugemens & leurs motifs fommaires ; & plufieurs Difcours fur différentes matiéres , foit de droit public,
foit d'hiftoire , *in-*12.
Tome premier. Pour ou contre des Actes
folemnels , attaqués ou défendus par
la voie civile , fur le moyen invincible
de dol , & de furprife , & où c'eft à la
vérité icule de montrer , de décider.
Tome fecond. Pour ou contre des mariages , attaqués ou défendus , fur des
moyens d'abus, ou fur de prétendues
preuves de clandeftinité.
Tome troifiéme & quatriéme fous preffe.
Les occupations actuelles de l'Auteur
& les foins qu'il fe donne à cet ouvrage,
ne permettent pas de publier plus de
quatre volumes par année, de cette
collection confidérable. Les 5, 6, 7, 8e
volumes fe publieront en l'année 1760.
& même nombre de volumes dans les
années fuivantes. On ne peut fixer le

nombre des volumes de cette collection
dont toutes les caufes font extrêmement intéreffantes.

De M. LAFITEAU , *Evêque de Sifteron.*
Lettres Spirituelles , *Tome fecond.*
Vie & Myftère de la très-fainte Vierge ,
*in-*12. 2. *vol.*
Retraite pour les Religieufes , *in-*12. *fous
preffe.*
Retraite pour MM. les Curés , tant de la
ville que des campagnes , *fous preffe.*
De M. de C H A R B U Y S.
Abrégé chronologique de l'Hiftoire des
Juifs , jufqu'à la ruine de Jerufalem
par Tite , fous Vefpafien , avec des
difcours entre chaque Epoque, *in-*8.
De M. B A R B A S A N.
L'Ordene de Chevalerie, avec une Differtation fur l'origine de la Langue Françoife ; un effai fur les étimologies ; quelques Contes anciens , & un Gloffaire
pour en faciliter l'intelligence, *vol. in-*8.
Le Caftoiement ou précepte d'un Pere à
fon fils, &c. *in-*8. *à Laufanne.*
Du fonds de M. V A L E Y R E.
Nouveau Teftament de Notre Seigneur
Jefus-Chrift, traduit felon la Vulgate,
nouvelle édition , *in-*12.
Livres d'Eglife fuivant les nouveaux Bréviaires & Miffel de Paris , contenant
l'Office des Dimanches & Fêtes de
l'année, avec les Pfeaumes, Cantiques
de l'Eglife . en Latin & François à
l'ufage de Rome & de Paris , *in-*12.
1. *vol.*
Ce livre contient le Pfeautier en entier.
—— Le même en 2. *vol.* Partie d'Hiver
& d'Eté , *contenant le Pfeautier en
entier.*
—— Le même en deux volumes. Le premier volume contient toutes les Meffes
des Fêtes & des Dimanches ; & l'autre
volume contient toutes les Vêpres des
Fêtes & des Dimanches.

❀

Les Saifons, Poëme traduit de l'Anglois
de Tomfon, *in-*8. *ornées de vignettes
& eftampes, deffinées par Eifen, & gravées
par Baquois.*
Piéces Fugitives , pour fervir à l'Hiftoire
de France , avec des Notes hiftoriques
& géographiques, *in-*4. 3. *vol.*
Par M. l'Abbé de M. Secrétaire d'Ambaffade à Rome.
La Pharmacopée des Pauvres , accompagnée d'Obfervations fur chaque Formule, par le Docteur W.** membre
du

du Collége Royal des Medécins de Londres. Avec des notes sur l'application des mêmes remédes, & une Table des maladies, *in-12.*

Du R. P. D. B. de la C. de Jesus.

Lettres Morales & Chrétiennes d'une Dame à sa fille, sur les moyens de se conduire avec sagesse dans le monde, *in-12.*

De M. AUDIERNE.

Traité complet de Trigonométrie, contenant les principes, la construction & l'usage des Tables des Sinus, des Tangentes & des Logarithmes : la Trigonométrie rectiligne avec son application ou mesurage, des distances inaccessibles, ou Toisé à l'Arpentage & aux Fortifications : & la Trigonométrie sphérique, avec la maniere de s'en servir pour résoudre tous les problêmes de l'Astronomie & de la Géographie qui en dépendent.

Ouvrage nécessaire aux jeunes gens qui font leur cours de Philosophie, & à toutes les personnes qui se destinent au Toisé, à l'Arpentage, à l'Architecture, au Génie, à la Marine, à l'Astronomie, &c. *in-8.*

De M. MARSOLLIER, Doyen de l'Eglise Cathédrale d'Uzés.

La Vie de saint Francois de Sales, Evêque & Prince de Genève, Instituteur de l'Ordre de la Visitation sainte Marie, *in-12. 2. vol.* sixiéme Edit.

De M. PINARD, Commis au Bureau de la Guerre.

Chronologie Historique Militaire, contenant l'Histoire de la création de toutes les Charges, Dignités & Grades Militaires supérieurs, de toutes les personnes qui les ont possédés, ou qui y sont parvenus depuis leur création jusqu'à présent. Des troupes de la Maison du Roi & des Officiers Supérieurs qui y ont servi. De tous les Regiments & autres troupes, & des Colonels qui les ont commandés. Les Etats d'armées par chaque année, les Officiers généraux qui y ont été employés depuis la première création des Regiments, & les opérations réelles de chaque armée, avec leur véritable époque.

Enfin une Table raisonnée des Ordonnances Militaires, tant imprimées que manuscrites, rendues depuis le Regne de Louis XV. jusqu'à présent. Tirée sur les Originaux, avec des éclaircissemens en notes critiques des Auteurs qui ont travaillé à l'Histoire de France & Militaire. Ouvrage dédié à M. le Duc de Belle Isle, Pair & Maréchal de France, Prince du Saint Empire, Ministre d'Etat, Chevalier des Ordres du Roi & de la Toison d'or, *in-4. 8. vol. proposé par souscriptions.*

Des RR. PP. C. du C. S. Honoré.

Traité de la Paix intérieure en quatre Parties, dédié à la Reine, troisiéme Edition, corrigée & augmentée par l'Auteur, & mise dans un meilleur ordre, *in-12. 1. vol.*

Les *Tomes* 5, 6, 7. 8, 9 & 10. Principes discutés pour faciliter l'intelligence des Livres Prophétiques, & principalement des Pseaumes, relativement à la Langue originale &c. Les *Tomes* 11. & 12. se publieront en l'année 1760.

Le Bachelier de Salamanque, ou les Mémoires & Aventures de Dom Chérubin de la Ronda. Par M. le Sage, *in-12. 2. vol.* Nouvelle Edition de 1759. avec des figures en taille douce.

Lettres de Messieurs les Docteurs en Théologie de l'Université de Louvain, au sujet du Journal Encyclopédique, adressée à Messieurs les Curés de la ville de Liége, pour servir de Réponse à leur Consultation. *Broch. in-12. 1759.*

Missel Romain suivant la réformation du saint Concile de Trente, Latin & François, *in-12. 4. vol. sous presse.*

——Idem Latin-François &c. *in-12. 1. vol.*

Diurnal Romain latin-françois, &c. *in 8.*

——Idem *in-12. 2. vol.*

Colloques de Jesus-Christ avec une Ame fidelle, *in-12.*

De M. l'Abbé CONNU Chapelain du Château-neuf de S. Germain en Laye.

Table des Matieres des Lettres & Opuscules de S. François de Sales, *vol. in-12, sous presse.*

Cet Ouvrage fera le 9e. *vol.* tant des Lettres que des Opuscules de la nouvelle Edition.